AF360332

# LES SINGES,

## OU

## LA PARADE DANS LE SALON,

VAUDEVILLE EN UN ACTE,

PAR MM. ROCHEFORT, BRISSET ET LASSAGNE,

REPRÉSENTÉ POUR LA PREMIÈRE FOIS, A PARIS, SUR LE THÉATRE DU VAUDEVILLE, LE 25 MAI 1825.

PARIS,

AU MAGASIN DE PIÈCES DE THÉATRE,

CHEZ DUVERNOIS, LIBRAIRE,

Cour des Fontaines, n° 4, et Passage de Henri IV, n°ˢ 10, 12 et 14.

## 1825.

PERSONNAGES.      ACTEURS.

MALVINA-DESJARDINS, petite maî-
tresse . . . . . . . . . . . . . . . . . . . . . . . . . . Mlle LETOURNEUR.
DESJARDINS, son mari, vieux fat. . . M. VICTOR.
BOISFLEURY, naturaliste . . . . . . . . . . . M. GUÉNÉE.
ZOÉ, femme de chambre de Malvina. . . Mlle ADÈLE.
JACQUOT, son amant, neveu de Kim-
bourg . . . . . . . . . . . . . . . . . . . . . . . . . . M. ARMAND.
KIMBOURG, cocher d'un banquier. . . . M. LEPEINTRE.
CÉCILE, femme de chambre à préten-
tions . . . . . . . . . . . . . . . . . . . . . . . . . . Mme LAFONT.
NARCISSE, chasseur d'un ambassadeur. M. LAFONT.
AGATHE, danseuse de l'Ambigu. . . . . . Mlle HUBY.
MARTEAU, vieux portier . . . . . . . . . . . M. CHALBOZ.
Plusieurs personnes de la société.
Deux autres domestiques en toilette.

*La Scène se passe chez madame Desjardins.*





Imprimerie de CHAIGNIEAU fils aîné,
rue de la Monnaie, n° 11, à Paris.

# LES SINGES,

## OU

## LA PARADE DANS LE SALON,

### VAUDEVILLE EN UN ACTE.

*Le Théâtre représente un salon richement meublé; quatre cabinets y sont attenans; une table est à droite.*

## SCENE PREMIERE.

MALVINA, DESJARDINS, BOISFLEURY, trois autres Personnes, *assis au tour d'une table, prenant le thé.*

MALVINA, *offrant le thé à Boisfleury.*
Il faut faire comme tout le monde ; prenons du thé.

BOISFLEURY, *buvant.*
Il est délicieux... En vérité, madame, je trouve que vous avez bien raison d'imiter les étrangers quand ils ont du goût.

MALVINA.
C'est le genre romantique, et c'est de bon ton.

BOISFLEURY.
Je ne connais pas de préjugé national pour les bonnes choses.

DESJARDINS.
Ça.... c'est une question ; et moi qui vous parle...

( 4 )

MALVINA.

Vous aimez mieux être ridicule avec les modes de votre pays.

DESJARDINS.

Comment, ridicule! habit à la *Jocko,* pantalon dernier soupir de *Jocko* : il est vrai que tout ça me gêne un peu, et que j'étouffe dans mon corset, mais c'est égal ; c'est la mode, et je suis la mode. Il y a force majeure quand on a été marchand de soie et qu'on s'est retiré du commerce avec soixante mille livres de rente, il faut bien tenir son rang dans la haute société.

MALVINA.

Et déranger votre santé, n'est-ce pas pour le plaisir de copier vos nouvelles connaissances? Par exemple, je vous demande si c'est raisonnable : il a un estomac très-délicat, et il s'est fait membre de deux sociétés gastronomiques ;..... à la première indisposition qu'il aura, il est décidé à essayer de l'acupuncture.

DESJARDINS.

Puisque c'est le remède à la mode !

AIR : *L'or ne fera jamais ma gloire.*

L'aiguille, de l'acupuncture,
Est le remède principal ;
Ce dard vous fait une blessure,
La blessure guérit le mal ;
Mais ce n'est rien qu'une vétille :
Ne trouvez-vous pas bien piquant
Que la médecine à présent
Soit sur la pointe d'une aiguille.

MALVINA.

Voilà qui va faire tort aux sangsues.

DESJARDINS.

Il en restera toujours assez, et le propagateur de l'autre méthode perce tous les jours.

BOISFLEURY.

Oui, car ce n'est pas une invention nouvelle.

DESJARDINS.

Elle est à la mode, elle changera comme elle : voyez tous nos élégans ;... je ne reconnais plus personne.

AIR *des Blouses.*

Oui, de nos jours, rien n'est plus difficile
Que de briller et de se distinguer;
Déesse injuste et beauté trop fragile,
Partout la mode aime à se prodiguer.
Pour éviter mille métamorphoses,
Il faut changer la coutume à Paris,
Et ceux qui font des lois sur toutes choses
Devraient en faire aussi sur les habits.

Ces pantalons à la russe, à l'anglaise,
Que l'on avait inventés l'an passé,
Sont devenus une mode française;
A les porter chacun a renoncé;
Nous espérions que nos manteaux antiques,
Grâce à leur prix, nous resteraient toujours;
Mais on en vit dans toutes les boutiques,
On en porta jusque dans les faubourgs.

Tous ces courtiers, roulant en équipages,
Du temps passé nous rappellent les traits;
Nos vieux marquis voulaient avoir des pages,
Nos financiers ont cinq ou six laquais;
Dans un landau je vois une mercière
Qui chez *Franchet* se couvre de bijoux;
A côté d'elle est une couturière
En cachemire ainsi qu'en maraboux.

En tilbury mon tailleur éclabousse
Un vieux soldat que l'honneur distingua;
Je reconnais dans ce fat qui me pousse
Mon cordonnier portant un Quiroga.
Là dans un char une beauté brillante
Trompe les yeux par son air ingénu:
Cette Vénus n'est qu'une figurante
Qu'on voit danser le soir à l'Ambigu.

Jusqu'au rentier qui, promeneur pédestre,
Vient en ces lieux montrer son habit neuf
Et dépenser tout l'argent d'un trimestre
Pour du Louviers au lieu du drap d'Elbeuf.
Enfin partout ce luxe est un scandale,
Dans tous les temps on se déguisera
Et tous les jours dans notre capitale
On se croirait au bal de l'Opéra.

**MALVINA.**

Et vous, monsieur de Boisfleury, fréquentez-vous les promenades ?

**BOISFLEURY.**

Moi, madame ? vous connaissez mes habitudes sédentaires, vous savez bien que je veux devenir savant ; j'étudie l'histoire naturelle : pour devenir savant, il faut s'enfermer, et je m'enferme.

**DESJARDINS.**

Ça n'est pas autrement récréatif.

**BOISFLEURY.**

C'est vrai, ça ne m'amuse guère ; mais j'ai appris à m'ennuyer pour l'amour de la science.

**MALVINA.**

Qu'est-ce que vous faites donc quand vous êtes tout seul ?

**BOISFLEURY.**

Je m'instruis, je cultive l'art des Linnée, des Buffon, des Sonini. Voilà pourquoi je me suis logé rue Copeau, à la proximité du Jardin des Plantes, pour être plus près des animaux et pour faire mes cours d'anatomie comparée.

**MALVINA.**

Alors vous n'avez guère le temps de suivre les spectacles ?

**BOISFLEURY.**

Je n'y vais que lorsqu'on donne des pièces où l'on voit figurer quelque bête, parce qu'alors je me retrouve dans mon centre, j'observe la nature partout, au grand jour comme aux quinquets...

**MALVINA.**

Dans ce cas, vous ne pouvez pas vous dispenser de venir avec nous voir la pièce de la Porte Saint-Martin.

**BOISFLEURY.**

Impossible ;... il faut que je me lève demain à la pointe du jour ; nous allons tous à la ménagerie.

Air : *Vaudeville de l'Ile des Noirs.*

Pleins de l'attente la plus vive
Demain nous serons réunis
Près de l'enceinte où nous arrive
Le cadeau du bey de Tunis.

Par une attention soudaine
Il nous envoie un léopard,
Un lion, un tigre, une hyène.

DESJARDINS.

C'est bien aimable de sa part.

MALVINA.

Mais songez donc que vous verrez ce soir deux animaux à la fois, un singe et un serpent; c'est une bonne fortune.

BOISFLEURY.

Vous piquez ma curiosité, moins encore pour le singe que pour le serpent Boa... Ai-je pleuré celui du Bazar! pauvre bête!

MALVINA.

Moi, je suis pour le singe; mon mari, vous saurez que j'en veux un absolument...

DESJARDINS.

J'y ai déjà pensé, madame, et on doit m'en apporter un sous peu de jours; mais, en attendant, allons voir celui du Brésil...

MALVINA, *sonnant.*

Zoé!..

## SCÈNE II.

LES MÊMES, ZOÉ.

ZOÉ.

Voilà, madame.

MALVINA.

Les chevaux sont-ils à la voiture?

ZOÉ.

Oui, madame.

DESJARDINS.

Que personne ne sorte pendant notre absence.

ZOÉ.

Monsieur sait bien que ce n'est pas l'habitude de ses domestiques.

DESJARDINS.

AIR : *En avant les entrechats.*

Partons, allons voir Jocko,
La merveille
Sans pareille,

Car Paris n'a qu'un écho ,
Il faut aller voir Jocko !

Pour le Jocko délaissé
Tous les drames sont en perte,
La tragédie est déserte,
Les alcides terrassés.

TOUS.

Partons, allons voir Jocko ,
La merveille
Sans pareille ,
Car Paris n'a qu'un écho,
Il faut aller voir Jocko !

## SCENE III.

### ZOÉ , *seule.*

Ah ! quel bonheur !... enfin me voilà débarrassée d'eux !...
Si ma compagne était venue pendant qu'ils étaient encore ici,
comment aurais-je fait ? mais lisons le poulet que le portier
vient de me glisser. (*Elle ouvre une lettre*) : « *Ma chère Zoé ,*
« *je ne vous parlerai pas de mon amour et de mes sentimens à*
« *votre égard, vu qu'il est convenu que vous m'aimez autant*
« *que moi ;... pour lors, celle-ci est pour vous prévenir que*
« *j'attends au bas de la croisée ,... c'est-à-dire dans la rue ,*
« *que vos maîtres soient partis pour vous conter un événement*
« *qui ne laissera pas que de vous plonger dans le chagrin si*
« *vous êtes sensible comme j'en suis.* JACQUOT. » (*Parlant.*)
Ah ! mon Dieu ! un événement ! et qu'est-ce que ça peut être ?
(*Elle va à la fenêtre.*) Tiens, le voilà là-bas qui se promène !
( *Elle l'appelle.* ) Jacquot ! Jacquot ! vous pouvez monter !
Il m'a entendue ; il vient... Y aurait-il des changemens dans
nos projets de mariage ou bien serait-ce relatif aux invitations
que j'ai faites pour ce soir ? je suis dans la perplexité !...

## SCENE IV.

### ZOÉ, JACQUOT.

#### JACQUOT.

Me v'là ; mais souffrez que je vous saute au cou pour com-
mencer la conversation. (*Il l'embrasse.*)

zoé, *se défendant.*

Eh bien ! à la bonne heure, ne vous gênez pas !.... Est-ce qu'on se permet de ces choses-là, monsieur ?

JACQUOT.

Dam ! quand on ne peut pas se r'tenir.

ZOÉ.

Au moins on prévient le beau sexe ; un baiser, ça ne se refuse pas, mais ça se demande... Au surplus, qu'avez-vous à m'annoncer ?

JACQUOT.

Ah ! Zoé, vous voyez le jeune homme le plus malheureux de la terre !

AIR : *Le feu qui brûla mon visage.*

Garçon d'bureau surnuméraire
A la Caiss' d'Épargn', de mon mieux,
Je remplissais ce ministère ;
Mais on a toujours des envieux.
Aujourd'hui l'on me congédie
En prétendant chez l'directeur
Que je suis une économie....
Jamais on n' m'a fait tant d'honneur.

ZOÉ.

Ah ! ciel !

JACQUOT.

C'est comme ça ; mais ce n'est pas tout : une fois que je me suis trouvé sur le pavé, j'ai volé près de mon oncle Kimbourg, vous savez, le cocher du banquier.

ZOÉ.

Je connais.

JACQUOT.

Mon oncle m'a assez bien reçu : il m'a dit que j'étais un mauvais sujet, un étourdi ; qu'on m'avait renvoyé parce que je n'allais jamais à mon bureau ; je ne sais pas, par exemple, qu'est-ce qui a pu lui conter ça.

ZOÉ.

C'est donc vrai ?

JACQUOT.

Mais... un peu ; j'ai eu beau me défendre, mon oncle, qui est Strasbourgeois, et qui est têtu comme un Allemand, m'a repoussé ; il a ensuite fouillé dans sa poche, m'a remis soixante-cinq francs en me disant d'aller retenir ma place à la diligence pour retourner dans le département du Bas-Rhin.

ZOÉ.

Et qu'avez-vous fait ?

JACQUOT.

J'ai mangé les soixante-cinq francs avec des amis.

ZOÉ.

Sans savoir maintenant que devenir.

JACQUOT.

C'est ça même ; ne sachant plus où donner de la tête, mon cœur s'est souvenu qu'il vous adorait ; j'ai appris que vous aviez aujourd'hui une brillante soirée, pendant l'absence de vos maîtres, où mon oncle était invité ; j'ai pensé que votre attachement pour moi, mêlé à votre bon vin pour mon oncle, le décideraient peut-être à me pardonner si vous voulez que je sois de la réunion.

ZOÉ.

Êtes-vous fou ? Il y aurait une dispute, des explications devant toute la compagnie, et j'irais me compromettre ainsi ! Jacquot, il n'y faut pas penser ; une première femme de chambre a des ménagemens à garder,... quand ce ne serait que par respect pour sa maîtresse.

JACQUOT.

Ah ! je devine tout,... perfide !.. Monsieur Narcisse, le beau chasseur de l'ambassadeur, viendra ici ce soir, et, dans la position des choses, vous voulez me sacrifier.

ZOÉ.

Jacquot, est-ce que la jalousie vous égarerait ?

JACQUOT.

Oui, elle m'égare ;... et pourquoi donnez-vous une soirée ?

ZOÉ.

Ma maîtresse en donne bien ; est-ce que je ne suis pas libre de m'amuser un peu ?

JACQUOT.

Ça fait pitié,... de vouloir comme ça faire ses embarras.

ZOÉ.

Jacquot, prenez garde à me déplaire.

JACQUOT.

Tant pis. . . Je suis jaloux, vif, emporté.

ZOÉ.

Calmez-vous; j'entends quelqu'un.

JACQUOT.

Ça m'est égal; je suis capable de tout.

ZOÉ.

Mais on vient.

JACQUOT.

Je me cache. (*Il saute dans un cabinet.*)

## SCENE V.

### ZOÉ, CÉCILE.

CÉCILE.

Ah! bonjour, ma chère, je me rends à votre invitation charmante; mais est-ce que vous étiez seule? il me semblait avoir entendu parler.

ZOÉ.

Non, mademoiselle Cécile, il n'y avait personne.

CÉCILE.

Vous auriez quelqu'un, au surplus, que je ne suis pas susceptible sur le tête à tête.

ZOÉ.

Et votre maîtresse, comment se porte-t-elle?

CÉCILE.

Ne m'en parlez pas, ma chère, elle a ses migraines de voyage, elle arrive de la campagne; moi aussi : nous y sommes restées pendant trois mois; je m'ennuyais à la mort; des paysans de Falaise pour me faire la cour,... hein?.. comme c'est joli! Je n'aime pas les calembours;... mais je me permettrai pourtant de dire que, pour le langage amoureux, ce n'est pas aux Normands que je donnerai la pomme.

ZOÉ, *riant.*

Ah! Ah! Ah!

CÉCILE.

Par bonheur encore que ma maîtresse a eu l'idée de jouer la comédie au château, et l'on m'a fait débuter.

ZOÉ.

Ah ! que vous avez dû vous amuser, ma petite !

CÉCILE.

J'ai eu bien de l'agrément. Notre troupe était assez bien composée : nous avions le secrétaire de l'adjoint qui faisait le niais avec beaucoup de naturel ; la sœur de madame, qui louche un peu, jouait les amoureuses tout de travers ; monsieur n'était guère bon dans l'amant bourru, avec sa douceur de mouton ; mais, pour ma maîtresse et moi, on peut dire que c'était soigné, et tout ça fait que je vais peut-être la quitter... Il y a un comédien, c'est-à-dire un Elleviou, de Boulogne-sur-Mer, qui m'avait mis dans la tête que j'avais un gosier agréable.

ZOÉ.

On cite votre voix dans la livrée.

CÉCILE.

De façon que je balance entre de rester en maison, ou d'aller jouer les Philis dans les départemens.

ZOÉ.

Mais, au fait, voilà un beau projet ; ça peut vous avancer.

CÉCILE.

C'est ce que je me dis tous les jours.

AIR : *Ah ! si madame me voyait !*

Si je puis fair' le premier pas
Heureus'ment dans quelque commune,
Qui sait si queuqu'jour la fortune
A Feydeau ne m'conduira pas ?
D'nos grands talens suivant l'usage
J'aurai, comme eux pour moissonner,
Feux, bénéfices et voyages.

ZOÉ.

On n'sait pas où ça peut vous m'ner.

CÉCILE.

J'aurai des amis, des journaux,
Ainsi que tous mes camarades ;
J'aurai comme eux mes jours malades ;
J'aurai le tarif des bravos....

Partout le vrai talent doit plaire,
Le vrai talent peut tout donner ;
On aim' le sexe en Angleterre.

ZOÉ.

On n'sait pas où ça peut vous m'ner.

Dieu ! que c'est une bonne idée !

CÉCILE.

Et la romance, ma chère ? Ah ! j'en suis folle !... Tenez, je vais vous chanter *la Meunière.*

AIR *de Paër.*

Chacun me nomme en ce canton
La meunière la plus jolie ;
Dès qu'il me voit, gentil garçon
Me dit qu'il m'aime à la folie ;
Moi, j'aime fort le bon Alain,
Mais il craint mon humeur légère
Et que le cœur de la meunière
Ne tourne ainsi que son moulin.

## SCENE VI.

LES MÊMES, KIMBOURG.

KIMBOURG.

Prafo, prafo ! décha d'la musique ! nous allons nous amuser comme des tiaples.

ZOÉ.

Ah ! c'est l'allemand !... Permettez, Cécile, que je vous fasse faire connaissance avec M. de Kimbourg, un étranger de mes amis.

KIMBOURG, *se jetant dans un fauteuil.*

Serfideur, mes belles, je suis las et je m'assieds ; on se fadigue tant à cette pourse !

ZOÉ, *bas à Cécile.*

C'est un cocher, ma chère.

CÉCILE, *avec dédain.*

Un cocher !

ZOÉ.

Le cocher du plus riche banquier de Paris.

CÉCILE.

C'est différent ; ne suis-je pas bien simplement mise ?

ZOÉ.

Vous avez l'air d'une reine.

KIMBOURG.

Fous dites donc ;... à propos, j'ai eu pien raison d'parier afec Lapierre que les effets se zoudiendraient et que la prime fin courant.....

CÉCILE, *l'interrompant.*

Lapierre? ne sert-il pas chez M. de Germeuil?

KIMBOURG.

Che grois que ça fa mal bour lui; il est venu long-temps en calèche, il fient maintenant en gapriolet, il fiendra bientôt à bied... Che m'y connais; che reste à la porte de la pourse et ça suffit pour connaître toute l'histoire.

AIR : *Entendez-vous le son de la musette?*

C'est un beau post' pour lir' sur les visages,
Che défigur' les entrans, les sortans,
Et j'sais juger d'après les équipages
Quels sont du cheu les perdans, les gagnans.
Ces fiers coursiers foiturent la richesse;
Mais si j'les vois maigrir, moi dans mon coin
Je dis tout haut : le maître est à la baisse
Et les chevaux n'peuvent plus aller loin.

Mam'zelle n'fient-il pas d'parler de M. de Germeuil? est-ce que vous zeriez en maison afec?

CÉCILE.

Oui, monsieur,... depuis deux ans.

KIMBOURG.

Ah! oui, oui, voilà que che me soufiens d'afoir fu fot' vi-sache quelque bart.

CÉCILE.

On m'appelle Cécile.

KIMBOURG.

Ah! tiaple, fous afez là une cholie patronne! c'est celui des musiciens; c'jour-là, dans mon pays, on poit!

ZOÉ.

Et les autres jours aussi.

KIMBOURG.

Tiens, toujours.

ZOÉ.

Monsieur Kimbourg, qu'est donc devenu votre neveu ?

KIMBOURG.

C'est un impécille ; il a fait des sottises et des tettes,.....
et vous comprenez bien, mam'zelle Zoé, que, si che suis le
gocher d'un banquier, ch'ai pas son caisse dans mon poche pour
payer les pêtises de mon nefeu ; mais nous sommes pas fenus
chez fous pour parler de ça.

ZOÉ, *à part.*

Pauvre Jacquot. *(Haut.)* vous avez raison. *(Regardant la
pendule.)* Huit heures. Ah ! mon Dieu ! toute ma société va
arriver,... et ma toilette... Souffrez, monsieur Kimbourg,
que je vous laisse un instant avec Cécile.        *(Elle sort.)*

## SCÈNE VII.

### KIMBOURG, CÉCILE.

KIMBOURG.

Allez, allez, mam'zelle Zoé ; mam'zelle Cécile il est trop
cholie pour qu'on se troufe pas heureux de rester avec elle.

CÉCILE, *qui s'est mise à travailler.*

Ah ! ah ! mais il y a un vernis de politesse dans ce que vous
venez de dire là, qui vous fait beaucoup d'honneur, monsieur
Kimbourg.

KIMBOURG.

Dam ! nous autres financiers, nous safons nous mettre en
dépense pour les complimens, et comme dit mon maître, une
langue dorée est touchours écoutée.

CÉCILE, *à part.*

Ah ça ! est-ce que l'Allemand voudrait m'en conter ?... ça
serait bien amusant.

## SCENE VIII.

### LES MÈMES, JACQUOT, *sortant du cabinet.*

JACQUOT, *à part.*

Mon oncle qui fait une déclaration amoureuse ! je vas l'écrire
à ma tante.

CÉCILE.

Il est sûr que votre situation fortunée doit vous faire faire
bien des conquêtes parmi les belles.

KIMBOURG.

Comme ça... pas trop... Chai chamais pu avoir des incli-
nations sans faire des cadeaux;... c'est vrai, dans cette tiaple
de Paris, l'amour coûte un prix fou... Il est cher l'amour.

CÉCILE.

Ah! c'est que vous vous adressez mal; il y a encore des
femmes sensibles.

KIMBOURG.

Yia, yia, sensibles à ça. ( *Il fait le geste de compter de l'argent.*) Et pourtant je suis fitèle tant qu'on veut, moi; ch'ai chamais été lécher... Quand che zuis attaché, ça n'en finit plus...

JACQUOT, *à part.*

Sa tabatière! le portrait de sa femme! ça me servira plus
tard. ( *Il s'en empare et sort.* )

CÉCILE, *à Kimbourg.*

Ça prouve que vous avez des sensations délicates, moi je
suis comme vous.

KIMBOURG.

Frai! eh pien! mam'zelle Cécile, dites donc?

AIR *du Gascon.*

Nous pourrions nous entendre
    Tous deux.

CÉCILE.

Je commence à comprendre.

KIMBOURG.

Tant mieux!
Car c'est tout mon souhait!

CÉCILE.

Oui, vous pouvez me plaire,
Mais il n'faut pas trop faire
Ici claquer son fouet....

KIMBOURG.

*Gratis* j'ai su vous plaire,
Et l'amour pourra faire
Ici claquer mon fouet.

( *Il a oublié sa tabatière sur la table.* )

CÉCILE.

Mais voici de la société qui nous arrive !... Silence sur toutes
les folies que nous avons dites.

KIMBOURG.

Chouffre pas la pouche ;... che mangerai... che soupirerai, et voilà tout.

CÉCILE.

Ah ! c'est Narcisse, il n'est pas seul.

## SCÈNE IX.

### KIMBOURG, CÉCILE, NARCISSE, AGATHE.

NARCISSE, *tenant Agathe par la main.*

C'est ici, c'est ici, n'ayez donc pas peur, vous êtes de ma société ; les amis de nos amis sont nos amis, et une femme aimable n'est jamais de trop...

AGATHE.

Venir comme ça sans être invitée. *(A Cécile qu'elle prend pour la maîtresse de la maison.)* Madame, excusez.

CÉCILE.

Ce n'est pas à moi, madame, je ne suis que de la compagnie.

NARCISSE.

Cécile, je ne m'attendais pas... elle qui est si jalouse !

CÉCILE, *à part.*

Il avait bien besoin d'amener cette femme-là. A-t-elle l'air bégueule !

NARCISSE, *haut, montrant Agathe.*

Figurez-vous que mademoiselle est une de mes cousines.

KIMBOURG.

Ce Mozieu Narcisse, il afre toujours de cholies cousines comme ça.

AGATHE.

Ça vous plaît à dire. *(A part.)* Il paraît que ce sera bien composé... en hommes.

NARCISSE.

Je lui avais promis mon premier jour de sortie, et comme elle avait le temps aussi aujourd'hui...

CÉCILE.

Madame est en maison ?

AGATHE, *à part.*

Ah ! mon dieu, comme ce sera mêlé en femmes. (*Haut.*)
Du tout, madame.

NARCISSE.

Mademoiselle est coryphée en chef et sans partage, à la
Gaîté.

AGATHE.

Seulement jusqu'au 15 du mois prochain, Dieu merci !

NARCISSE.

Oui, car elle part comme premier sujet à Perpignan.

CÉCILE, *à part.*

Bon voyage !

KIMBOURG.

Perpignan ! il y a loin d'ici là, quoique ça tout pafé ; mais
pour une danseuse c'est l'affaire d'une glissade.

NARCISSE, *aux autres.*

Alors pour en revenir à ce que je vous disais relativement à
ma cousine, je lui ai donc fait mettre son chapeau et son schall,
et je lui ai dit que je prenais sur moi de l'insinuer dans une
maison où il y avait de l'agrément et des beaux hommes.

CÉCILE, *piquée.*

C'est votre affaire, arrangez-vous avec Zoé, vous savez
bien que c'est elle qui reçoit.

NARCISSE.

D'ailleurs, ce n'est pas la première fois que ça s'est vu, je
me souviens qu'en Allemagne où je suivais l'ambassadeur...

KIMBOURG.

Fouz afez donc foyaché, Monsieur Narcisse ?

NARCISSE.

Si j'ai voyagé ? Nous autres dans la diplomatie nous ne fai-
sons que ça ; croyez bien que j'ai été dans tous les pays inimagi-
nables avec Son Excellence, et que je connais toutes les puis-
sances comme vous pourriez connaître les rues de la capitale.

KIMBOURG.

Tiaple ! alors fens tefez safoir pien des nouvelles ?

NARCISSE.

Tant que j'en veux ! elles m'arrivent quand je sers à table,

quand je verse le café au salon , et par la portière de la voiture quand nous allons en équipage.

KIMBOURG.

Fous afez un poste élevé.

NARCISSE.

Mais oui , assez.

AIR *de Robin des bois.*

Chasseur élégant
Partout on me r'nomme :
Je disput' la pomme
Même au plus fringant ;
D'abord on séduit
A caus' d'l'uniforme ;
L'physique est conforme
A l'éclat de l'habit....
L'chapeau, l'épaulette,
L'ceinturon, la brette,
Grand'dame ou grisette
Captivent votr' cœur ;
Mais la moustach' noire
Assure ma gloire,
J'réponds d'la victoire.
L'sexe chante en chœur :
Le voilà ! le voilà ! le voilà !

Tournure,
Figure,
Il a tout, oui tout, oui tout, je le jure ;
Nature
Pour plaire le forma.
Quel bonheur ! ( *bis* )
Honneur
Au beau chasseur !

Eh bien ! malgré mes triomphes, je cache mes bonnes for-
tunes , parce que nous autres dans la diplomatie, c'est le secret,
voyez-vous , sans ça, si nous allons dire partout le mot de
l'énigme.... si nous allons bavarder avec le tiers et le quart,
il n'y a plus moyen ; tenez, par exemple, il y avait le chasseur
de l'envoyé de Hesse-Hombourg...

CÉCILE.

Ah çà ! va tomber dans la politique, monsieur Narcisse,....
c'est bien amusant pour des femmes !

**AGATHE.**

D'abord, moi, mon cousin, je vous préviens que je ne m'y connais pas.

**CÉCILE.**

Heureusement voici Zoé.

# SCENE X.
**LES MÊMES, ZOÉ.**

**CÉCILE.**

Venez donc, ma chère, ces messieurs en étaient déjà aux affaires d'état.

**ZOÉ.**

Ah! messieurs, chez moi on ne s'occupe pas de ça. Bonjour, monsieur Narcisse.

**NARCISSE.**

De tout mon cœur, ma bonne Zoé. (*A part.*) Ça en tient encore pour moi, cette enfant-là. (*Haut.*) Voici une jeune personne, ma cousine Agathe, que j'ai amenée de surplus, parce que plus on est de femmes ensemble, moins la conversation languit.

**ZOÉ.**

Du moment que madame est avec vous, il y aura toujours de la place pour elle; débarrassez-vous donc de votre schall et de votre chapeau; vous devez être fatiguée...

**AGATHE.**

Ne m'en parlez pas; avec ça que j'ai dansé hier dans deux mélodrames, quel métier que le nôtre! Les répétitions, les pièces et nos leçons de chez Coulon, il y a de quoi sécher sur pied...

**KIMBOURG.**

Ça fait de l'embarras comme une danseuse du grand Opéra.

**CÉCILE.**

Ah! dam! dans votre état c'est fatigant.

AIR : *Pourquoi trembler.*

Il faut danser
Quand la vertu tremble et succombe,
Quand son convoi vient à passer,
Et souvent quand la pièce tombe.
Il faut danser  (*bis.*)

**ZOÉ**

Est-ce que vous êtes venu à pied?

**NARCISSE.**

Eh quoi! Zoé, ne savez-vous pas bien que je ne donne

jamais le bras à ma femme sans prendre un fiacre ? . . . . . sans compter que les cochers ne se plaignent pas de moi,. . . et c'est juste. . .

AIR : *Le briquet frappe la pierre.*

L'cocher au propriétaire
Se compare avec raison,
Sa voiture est un' maison
Dont l'public est locataire,
Et dont chacun doit payer
S'lon ses moyens le loyer ;
Mais y en a qui s'font prier.
Laquais derrièr' l'équipage,
En fiacre, c'est autrement
Je suis maître, et noblement
Je prouve dans mon étage
Qu'à ceux qui logent derrièr' souvent
Paient mieux qu'ceux qui demeur't devant ;
Oui paient mieux qu'ceux qui demeur't devant.

KIMBOURG.

Prafo pour les cochers , M. Narcisse.

NARCISSE.

Ce n'est pas l'embarras, j'ai connu un cocher à Vienne en Autriche. . . . .

ZOÉ.

Allons, n'allez-vous pas parler des affaires de la Bourse, à présent ?. . .

NARCISSE.

Non, au contraire, amusons-nous, je ne demande pas mieux ; je ménagerai mes moyens pour plus tard : cependant je ne vous promets pas d'être d'une gaieté incohérente ; vous savez bien que nous autres dans la diplomatie, nous devons mitiger nos facéties ; mais c'est égal, vous serez contens... D'abord, combien serons-nous ?

ZOÉ.

Je n'attends plus que Bertrand et la couturière de madame.

NARCISSE.

Tant mieux ; j'ai depuis tous les siècles un faible pour les couturières... Il y en avait une à Varsovie, belle blonde, qui n'a pas eu à se plaindre de moi ;... allez,... tenez, si je vous disais.....

AGATHE.

Ah çà! monsieur, est-ce que vous voulez nous bercer toute
la soirée de vos anciennes liaisons?...

NARCISSE.

Excusez;.. c'est un faible de ma mémoire.

AIR : *Dans un délire extrême.*

Quand on a fait sa ronde
Aux quatre coins du monde,
Mill' beautés en courant
Divis'nt un sentiment.
Enrôlé volontaire
Comm' chasseur à Cythère,
Dix ans j'ai fait la guerre,
Et je reviens toujours
Aux drapeaux des amours.

ZOÉ.

Allons, mesdames, passez un peu dans la salle à manger pour
préparer la table;... j'attends ici les provisions.

NARCISSE.

Je reste avec vous pour juger les qualités des comestibles.

KIMBOURG.

Nous allons choliment nous en tonner.

CÉCILE.

Vous ne boirez pas trop.

KIMBOURG, *bas.*

Non, pisque che suis déjà enivré par fos peaux yeux...

ZOÉ, *à Cécile.*

Vous, ma petite, qu'avez de la voix, vous trouverez le cla-
vecin. (*A Agathe.*) Si madame veut, il y a côté de la grimace
deux pièces de théâtre et un jugement de la Cour d'assises pour
vous amuser.

CHOEUR.

AIR : *J've en bal champêtre*

Amis, notre fête
Ici s'ra complète;
L'antic:nambr' s'apprête
A changer le tout
En salon

ZOÉ.

Qui peut nous reconnaître?
Chaque valet gaîment
Sera pris pour son maître,
Ça se voit si souvent.

(*Reprise du chœur.*)

# SCENE XI.

NARCISSE, ZOÉ, le portier MARTEAU, *un garçon pâtissier portant une tourte et des échaudés.*

ZOÉ.

Il ne se fait pas attendre... (*Au portier.*) Ah ! c'est vous, père Marteau ?

MARTEAU.

Oui, mam'zelle ; quand j'dis que c'est moi, c'est moi et le pâtissier qu'apporte les vivres : des échaudés, des meringues et une tourte moitié frangipane et moitié confiture.

NARCISSE.

Une tourte ! ça m'connaît, ça ; le fait est qu'elle a un fameux caramel : j'en ai pourtant mangé une à Sarguemine, chez une pâtissière, qui avait encore meilleure mine que ça, si c'est possible ;... mais cette pâtissière-là savait bien ce qu'elle faisait. Oh ! ai-je eu des douceurs dans cette maison-là !

ZOÉ, *au portier et au pâtissier.*

Entrez tout cela là-dedans.

NARCISSE.

Un instant ;... j'escorte le convoi de peur d'enlèvement.
(*Il entre dans la chambre avec le pâtissier.*)

MARTEAU, *revenant sur ses pas.*

A propos,... j'oubliais... Ce jeune homme de ce matin, vous savez, qui est si éveillé,... il est en bas qui veut absolument vous dire deux mots.

ZOÉ.

Bon, je sais ce que c'est, j'y suis...Ah ! père Marteau, vous voyez que je reçois, il faudra que vous montiez tout à l'heure pour nous servir à table.

MARTEAU.

Désolé de vous refuser, mam'zelle Zoé, mais à l'impossible n'y a pas lieu.

ZOÉ.

Comment ?

MARTEAU.

C'est comme j'ai l'honneur de vous le dire ; je donne une soirée à ce soir.

ZOÉ.

Par exemple ! vous ?

MARTEAU.

C'est pas ma faute, faut bien faire comme tout le monde.

ZOÉ, *à part.*

Ces individus de la basse classe ont la fureur d'imiter les gens comme il faut...

MARTEAU.

C'est la fête du parrain de mon petit dernier, et vous sentez que je n'peux pas m'absenter de la société ; nous aurons du cidre et des marrons, on jouera un cent de piquet, le parrain régalera de la lanterne magique, mais on s'quittera de bonne heure, parce qu'on dit que c'est le bon genre à présent.

ZOÉ.

Alors bien du plaisir,.... père Marteau ;... nous nous passerons de vous.

MARTEAU.

Il y a vraiment z'empêchement majeur ;... et le jeune homme, faut-il le faire monter ?

ZOÉ.

Oui,... qu'il se dépêche.

MARTEAU.

Tenez, y n'y a pas besoin de le prier, le voilà, ça grimpe les escaliers comme un écureuil.                    (*Il sort.*)

## SCENE XII.

ZOÉ, JACQUOT, *il entr'ouvre la porte et porte un paquet.*

JACQUOT.

Il n'y a personne ?

ZOÉ.

C'est donc encore vous ?

JACQUOT.

Je vous ai promis que je reviendrais exécuter un plan.

**ZOÉ.**

Pourquoi ce paquet?

**JACQUOT.**

Ah! bien pour mon plan... Vous savez, Zoé, qu'indépendamment de ma sensibilité naturelle, j'ai de la gaieté en société... Un événement extraordinairement ridicule m'exclut de la vôtre, et pourtant j'y paraîtrai... Je ne vous dirai ni comment, ni sous quel aspect;... mais c'est égal, mon oncle n'y verra que du feu si vous voulez pour ce soir devenir ma commère, en attendant que vous deveniez mon épouse;... comprenez-vous la chose, femme adorée?

**ZOÉ.**

Il faut bien que je devienne votre complice malgré moi.....

**JACQUOT.**

Vous souvenez-vous, Zoé, de cette plaisanterie qui nous fit tant rire chez la marchande de modes de la rue du Hasard?

**ZOÉ.**

Ah! oui, mais la scène était un peu forte, et je crains que la société choisie que j'ai réunie ici ne la trouve incompatible avec le bon ton.

**JACQUOT.**

Laissez donc.... Ceux qui s'ennuient toute la journée ne sont pas fâchés de s'amuser le soir.....

**ZOÉ.**

C'est vrai..... au fait.

**JACQUOT.**

Ainsi je vais me préparer, et je serai là, ... (*montrant le cabinet*), et je paraîtrai au premier signal; encore un baiser (*il l'embrasse*), et je file dans mon observatoire. (*Il se sauve.*)

## SCÈNE XIII.

**ZOÉ, CÉCILE, AGATHE, NARCISSE, autres convives, puis KIMBOURG.**

**NARCISSE,** *apportant la table avec d'autres personnes.*

**CHŒUR D'ENTRÉE.**

AIR : *Oui tout reste à sa place.*

La cave est en déroute,
Tant pis pour la maison ;
Pour le prix qu'il nous coûte
Nous trouv'rons le vin bon.

ZOE.

A table,.... à table.

NARCISSE.

Pas d'confusion dans les places; Zoé à ma droite, Agathe à ma gauche. (*Bas.*) Le côté du cœur, comprenez-vous?

AGATHE.

C'est bon... méchant.

NARCISSE.

Cécile ici, les autres à volonté.

CÉCILE.

Où donc est M. Kimbourg?

NARCISSE.

Il s'est endormi dans une bergère.

AGATHE.

Ces gens de finance sont-ils lourds?

NARCISSE.

J'en connais cependant qui prennent de fameuses leçons de légèreté des danseuses.

AGATHE.

Ah! mais, c'est des épigrammes.

NARCISSE.

Histoire de rire un peu.

KIMBOURG, *entrant.*

Me foilà! me foilà! (*Il se place à côté de Cécile.*) A côté de vous, petite.... que je puisse vous entretenir de mon flàme.

NARCISSE.

En entretenant celle du punch, papa Kimbourg.

KIMBOURG.

Mon cher, tous deux ils prûlent la raison.

NARCISSE.

Vl'à de l'esprit, dieu me pardonne, vous avez attrapé ce trait-là dans quelque pièce nouvelle.

AGATHE.

Je crois que c'est dans Cagliostro,... mon cousin.

NARCISSE.

Je ne connais pas.... Je n'ai point vu de mélodrames depuis Thérèse.

ZOÉ.

C'était une bien belle ouvrage.

NARCISSE.

Il y en a qui trouvent que ça ne vaut pas le *Cid d'An-dalousie.*

KIMBOURG, *mangeant.*

Ah ! la ponne prioche !

NARCISSE.

La pièce n'est pas mal ; mais, voyez-vous, par événement, il y a un autre **Cid de *M. Corneille.***

AGATHE.

Joli auteur, fort sur le sentiment.

NARCISSE.

Et ce Cid-là a fait tort à l'autre... Aussi, moi, à la place des acteurs, j'aurais dit au public : Messieurs, il y a un nommé Corneille qui a fait un **Cid**, et nous vous prévenons que le nôtre n'a aucun rapport avec le sien... On serait venu et on aurait vu tout de suite qu'ils avaient raison.

ZOÉ.

Dites donc, monsieur Narcisse, connaissez-vous Jeanne-d'Arc ?

NARCISSE.

Agréable sujet.

KIMBOURG, *qui cherche à déboucher une bouteille.*

Il être encore manqué.

NARCISSE.

Je l'ai entendu... un peu dans la perspective... à travers la fenêtre de notre loge.....

AIR *de la Vieille de Fanchon.*

Autour de la guerrière
Et d'sa noble bannière,
Quand j'vis la flamm', j'en fais l'aveu,
Je m' dis dans ma sagesse
J'vois bien et j'm'y connais un peu
Qu'c'est dans la fin d'la pièce
Qu'on a mis le plus d'feu.

CÉCILE.

Et la Belle au bois dormant ?

( 28 )

NARCISSE.

Silence, n'éveillons pas l'chat qui dort, parce qu'alors ça ne
serait plus amusant;... du reste, l'Opéra est le pays des men-
songes;... mais pour cette fois il n'a pas trompé son monde :..
il avait promis du sommeil, et on en a eu pour son argent.

KIMBOURG.

A la bonne heure...

CÉCILE.

Est-ce que vous êtes amateur du spectacle, monsieur Kimbourg ?

KIMBOURG.

Un peu, mam'zelle Cécile; est-ce que je n'ai pas vu Judith
aux Français; mais ça ne m'a pas amusé, des Juifs et pas d'in-
térêt, c'est invraisemblable.

ZOÉ.

Messieurs, il faut inventer autre chose pour nous amuser.

KIMBOURG.

Eh pien! chouons;... nous autres gens de la pourse, nous
ne connaissons que le cheu.

NARCISSE.

Voulez-vous des charades en action ?

KIMBOURG.

Oui, chai un mot, moi : *Chocolat.*

NARCISSE.

Eh ben! qu'est-c'que ça veut dire?

KIMBOURG.

Ça feut dire que pour le premier nous ferons *Jocho*,... vous
safez pien, cet animal qui fait faire la queue à la Porte Saint-
Martin.

ZOÉ.

C'est Jocko !

KIMBOURG.

Eh bien! oui, Jocko.

NARCISSE.

Ah! est-il Allemand? il prononce Jocko pour Chocko!

KIMBOURG, *frappant du pied avec colère.*

Che dis que chai raison,... moi.

NARCISSE.

Ah! cocher, arrêtez, mon cher cocher; ne prenons pas le
mors aux dents... On ne veut pas perdre son temps à vous

dessiner les yeux, mais parole d'honneur vous confondez deux langues.

ZOÉ.

Attendez, je vais accorder tout le monde; et si vous vou'ez un Jocko, j'en ai un tout prêt.

NARCISSE.

Vrai; faites-le venir... Je s'rai son cornac... Je débite le dialogue de la parade dans la perfection.

ZOÉ, *à Narcisse.*

Allez le prendre vous-même...

AGATHE.

C'est une surprise bien attentive.

# SCENE XIV.

LES MÊMES, JACQUOT *en singe.*

NARCISSE, *ayant été à la porte et amenant Jacquot.*

Voilà le personnage!... (*Il le promène, et le fait asseoir sur une chaise élevée.*)

KIMBOURG.

Moi, ch'aime les sinches, parce que c'est espiègue.

CÉCILE.

Regardez donc comme il fait la grimace!... ça me porte aux nerfs.

NARCISSE.

N'ayez pas peur... Vous allez voir comme nous allons nous amuser tous les deux ensemble.

CHOEUR.

AIR *du premier chœur des Deux Officiers.*

Admirez tous sa souplesse et sa grace,
   C'est vraiment
  Un singe charmant.
Il obéit sans faire la grimace;
  Bien des hommes n'en font pas tant.

NARCISSE.

Attention! Cet animal, messieurs et mesdames, n'est pas l'Ourang-Outang ... vulgairement surnommé l'Homme des Bois. Il en diffère autant par sa complexion physique que par ses opinions morales et la douceur de son caractère. C'est le grand Cangoura des Indes si connu des orientalistes et des physiciens... Il prend sa source sur les bords du Congo et autres semblables hémisphères.

KIMBOURG.

On dirait qu'il comprend.

NARCISSE.

Son intelligence, si je puis m'exprimer ainsi, se rapproche
de la mienne et de la vôtre ; et la preuve c'est qu'il a, aussi
bien que vous et moi nous pourrions avoir pour le moment
actuel, des dents molaires, des mercenaires, des machelières,
des incisives, des canines, des crochets, et même des dents
de sagesse...

AGATHE.

Voilà du nouveau pour moi...

NARCISSE.

Il est naturellement pêcheur, voyageur et chasseur ;.....
ils se nourrissent ordinairement de feuilles d'arbres, de fleurs,
de fruits, d'oiseaux, d'insectes, de poissons, et autres végétaux
de la même espèce.

KIMBOURG.

Il a l'air de dire que non...

NARCISSE.

Ceci est l'effet du penchant qu'ont presque tous les animaux
au mensonge et à la dissimulation ;... si vous aviez reçu plus
d'éducation, mon bon ami, vous sauriez qu'il est peu usagé de
donner un démenti... Maintenant, voyons voir, un petit peu
voir, mon ami Jacquot, ce que vous êtes capable, et, d'abord,
commençons par quelques tours d'exercice. (*Il lui met son chapeau sur la tête et lui passe son ceinturon et son couteau de
chasse.* ) Attention ;... admirez la bonne volonté de l'animal.
(*Ici le singe fait des démonstrations négatives ;... Narcisse
lui donne une claque ; nouvelles grimaces ; enfin Jacquot obéit.*)
Tirez sabre ! remettez sabre !

CÉCILE.

Ah ! ne jouons pas avec les armes, je ne puis pas souffrir ça.

NARCISSE.

N'ayez pas peur ;... l'animal est d'un caractère pacifique :
il est également doux,... humain,... charitable et compa-
tissant. Mon ami Jacquot, pourriez-vous me faire l'amitié de
me dire quelle est la dame la plus aimable de la société ?.....

ZOÉ, *à part.*

Bon !... il va dire que c'est moi.

**NARCISSE.**

L'animal vient de me dire à l'oreille qu'il trouve toutes ces dames également pourvues par la nature de tous les agrémens faits pour flatter le goût des connaisseurs.

**ZOÉ**, *à part.*

C'est bon ;... il me le paiera

**NARCISSE.**

Ceci ne me surprend pas. L'animal aime prodigieusement le beau sexe ;... et je suis sûr que, si je ne le retenais pas, il serait capable de saisir toutes les fleurs de cette jardinière et de s'élancer sur l'aimable société pour y effeuiller des roses devant ces dames, à la vue d'un chacun. Mon ami Jacquot, quel est le plus amoureux de nous tous? (*A part.*) Vous allez voir qu'il va me compromettre. (*Le singe regarde Kimbourg.*)

**KIMBOURG.**

Comme il me défisache !...

**NARCISSE.**

Il dit que c'est vous. (*Au singe.*) Quel est le plus ivrogne?

**KIMBOURG.**

Tiens, il me défisache encore.

**NARCISSE.**

C'est encore vous ;... l'animal a deviné juste. Quel est le plus trompeur ?

**KIMBOURG.**

Que tiable de sinche, il n'en feut qu'à moi !... Ne l'écoutez pas, mam'zelle Cécile.

**NARCISSE.**

Toujours vous ;... ceci, mon ami Jacquot, mérite une légère explication : car nous avons une excessive volubilité de personnes qui accusent les autres pour le seul plaisir de nuire à leurs semblables. Pourriez-vous nous fournir la preuve de ce dont vous venez de nous avancer là ?... L'animal me fait signe que oui. Attention, il me remet une tabatière : vous aurez sans doute, mon ami Jacquot, dérobé ce bijou à quelqu'un de la société. Vous voyez, messieurs, que ces animaux sont naturellement délicats et incapables de commettre une bassesse.

(*Kimbourg se fouille avec inquiétude.*)

**ZOÉ, CÉCILE, AGATHE**, *ensemble.*

Voyons donc la tabatière?

KIMBOURG.

Que fois-je ? ma tabatière, le portrait de mon vemme !

ZOÉ.

Votre femme ?

CÉCILE.

Vous êtes donc marié ?

KIMBOURG.

Che suis berdu !

CÉCILE.

C'est affreux !... c'est abominable de votre part après ce que vous m'avez promis...

TOUS, *excepté Kimbourg.*

Ah ! Ah ! c'est un amour trahi...

TOUS.

AIR : *Vîte en avant deux ( de la Famille du Porteur d'eau.)*

C'est une leçon pour toutes les belles
Qu'il est important de publier ;
Si les Allemands sont infidèles,
A qui faudra-t-il donc se fier ?....

CÉCILE.

A coup sûr ma surprise est grande !
Je suis prise dans ses filets ;
Il vous fait l'amour à l'allemande,
Et puis il vous trompe en français.

REPRISE EN CHŒUR.

C'est une leçon pour toutes les belles,
Etc., etc., etc.

*(On entend sonner fortement à la porte.)*

ZOÉ, *avec étonnement.*

Qu'est-ce qui sonne donc si fort ?

*(On sonne encore ; elle va voir dans le fond.)*

Ah ! mon Dieu ! mon Dieu !... c'est quelqu'un de la société de madame ; il n'y a pas un instant à perdre ; vîte, cachons-
nous tous dans les cabinets, sauve qui peut !

*(Ils sortent tous et se cachent dans tous les cabinets latéraux.)*

## SCENE XV.

JACQUOT, *seul, ôtant son masque.*

Eh ben ! ils s'en vont, ils me laissent tout seul, je meurs

de faim;... ô providence ! il reste encore quelque chose, je vas m'y mettre et il ne restera bientôt plus rien. *(Il s'assied et mange.)* Dieu ! quelle situation ! mon amante et mon rival d'un côté,... un appétit dévorant de l'autre, une peau de singe sur le dos et un oncle irrité qui entend la raison comme un Suisse ; enfin buvons pour nous donner la force de supporter tout ça.

## SCENE XVI.

JACQUOT, *assis et mangeant ;* BOISFLEURY, *entrant sans le voir.*

#### BOISFLEURY.

Ah ! mon Dieu ! que d'événemens !... Ce maudit Jocko, en grimpant jusqu'aux avant-scènes, fait jeter un cri d'effroi à madame Desjardins ; tous les yeux se portent sur notre loge ; nous sortons au milieu du bruit, et, pour achever l'aventure, la voiture à ressorts anglais se brise au milieu des pierres de construction de la nouvelle Athènes ;... et voilà ce qu'on appelle *une soirée amusante !* Heureusement encore que je me suis conservé sain et sauf ;... ma foi, chacun pour soi : c'est extrêmement divertissant.

#### JACQUOT, *mangeant toujours et la bouche pleine.*

Qu'est-ce que c'est donc que ce farceur-là ?... il est un peu en retard.

#### BOISFLEURY.

Ah çà ! il n'y a pas de domestique dans la maison... *(Il regarde et voit Jacquot.)* Ah ! mon Dieu !... qu'est-ce que je vois là ?... Un singe à table !...

#### JACQUOT, *à part.*

Mon costume l'étonne ; voyons-le venir et tâchons de nous amuser.

#### BOISFLEURY.

Par exemple !... si j'y comprends quelque chose... Ah ! mais si je devine, c'est le cadeau dont monsieur Desjardins a parlé ce matin à sa femme... *(Il l'examine de loin avec attention.)* Il est possible qu'il se soit détaché pour entrer dans ce salon. *(Il le lorgne.)* Oh ! oui, c'est bien ça, sauf erreur... Je le crois de l'espèce des hurleurs... Comme il mange ! il boit du punch !... Par exemple, je n'ai point lu dans M. de Buffon que ces animaux-là bussent du punch... Au surplus, voilà la nature. Ce n'est plus comme cet autre Jocko avec son masque de carton... Essayons de l'approcher... *(Il lui fait des agaceries.)*

JACQUOT, *se retournant.*

Qu'est-ce que vou svoulez... vous ?

BOISFLEURY, *effrayé, recule.*

En voici bien d'un autre, il parle ! Ah çà! c'est donc une plaisanterie, un déguisement !

JACQUOT.

Eh bien ! quand ça serait..?

BOISFLEURY.

Monsieur, qui êtes-vous ?

JACQUOT.

Vous voyez.

BOISFLEURY.

Que faites-vous dans la maison ?

JACQUOT.

Je dévore.

BOISFLEURY.

D'où venez-vous ?

JACQUOT.

Je n'en sais rien.

BOISFLEURY.

Qui vous a introduit ici ?

JACQUOT.

L'Amour et l'Appétit !

BOISFLEURY.

Et sous le costume d'un singe !

JACQUOT.

Ah ! c'est par occasion... Du reste, je suis de la même espèce que vous.

BOISFLEURY.

Comment! Ah çà! est-ce que vous voudriez vous moquer de moi, par hasard ?

JACQUOT.

Ça s'est vu.

BOISFLEURY.

Je ne le souffrirai pas.

JACQUOT.

Ni moi non plus.

BOISFLEURY.

Vous êtes un insolent !

JACQUOT.

Je m'en moque.

BOISFLEURY.

J'attends les maîtres de la maison,... et nous allons voir !...

JACQUOT.

Les maîtres!... Est-ce que vous n'êtes pas de notre société?...

BOISFLEURY.

Moi, fi donc !...

JACQUOT.

Ah ! diable, je ne sais ce que ça va devenir. Alors si je me sauve mis comme ça, on va m'arrêter dans les rues. *( A Bois-fleury.)* Monsieur, laissez-moi me cacher, je vous en prie !...

BOISFLEURY.

Non, parbleu, vous ne partirez pas avant que tout ceci ne soit éclairci. *(Jacquot veut sortir.)* À moi la loge du portier !

## SCENE XVII.

LES MÊMES, MALVINA, DESJARDINS, et d'autres personnes.

*(Ils entrent au moment où Jacquot ouvre la porte.)*

MALVINA, *jetant un cri.*

Ah! ciel ! encore un singe...

*(Jacquot se sauve dans un cabinet.)*

DESJARDINS.

Boisfleury, expliquez-nous... Mais tenez, madameDesjardins se trouve mal ! *(Madame Desjardins va s'asseoir sur un fauteuil.)*

BOISFLEURY, *soutenant d'un côté.*

Madame, n'ayez aucun effroi... De l'éther !... de l'éther!..

DESJARDINS, *fouillant dans sa poche.*

Tenez, voilà mon flacon.

*(On lui en fait respirer.)*

BOISFLEURY.

Il faut espérer que ça ne sera rien... Comment vous trou-vez-vous de votre chute de voiture ?

DESJARDINS.

Je souffre comme un malheureux. Mais ma femme, ma femme !

BOISFLEURY.

Elle va revenir...

DESJARDINS.

C'est la troisième attaque de nerfs de la soirée;... mais dites-moi donc où sont mes domestiques? que veut dire cette table servie et ce singe ?

BOISFLEURY.

Puisque je n'y comprends rien!.. Mais je crois qu'elle revient...

DESJARDINS.

Ma chère Málvina, comment te trouves-tu ?

MALVINA, *regardant son mari avec effroi et criant en se levant.*

Ah ! quelle affreuse grimace !

DESJARDINS.

Rassure-toi, c'est moi, ma bonne. *(A Boisfleury.)* Elle croyait encore voir Jocko.

MALVINA, *appelant.*

Zoé ! Zoé ! comment personne !... *(Elle sonne.)*

## SCENE XVIII et dernière.

LES PRÉCÉDENS, ZOÉ, CÉCILE, KIMBOURG, AGATHE, NARCISSE.

*(Ils sortent tous cinq d'un cabinet séparé, au coup de sonnette.)*

TOUS CINQ ENSEMBLE.

AIR *de la Maison de Plaisance.*

Nous voilà.   (*bis*)
Que réclame
  Madame?
Nous voilà;   (*bis*)
Chacun obéira....

ZOÉ.

Voilà, voilà, madame.

MALVINA, *sévèrement.*

Que signifie cette réunion ?... des étrangers chez moi !

ZOÉ, *timidement.*

Madame,... ce sont des gens de ma société...

DESJARDINS.

Mais... ce repas préparé ?...

MALVINA.

Est-ce que, par hasard, on aurait profité de notre absence pour renouveler ici la scène des Cuisinières ?

ZOÉ.

Par hasard... C'est la vérité, madame ; cette pièce nous a donné envie d'en faire autant : il faut bien que les comédies servent à quelque chose.

DESJARDINS.

Il n'y a rien à dire à cela.

MALVINA.

C'est ce que nous verrons plus tard ;... mais ce singe ?

JACQUOT, *paraissant.*

Présent, présent.

ZOÉ.

C'est un joli garçon.

JACQUOT.

Comme vous voyez.

ZOÉ.

Que j'aime.

JACQUOT.

Moi de même,... en dépit d'un oncle...

KIMBOURG, *étonné.*

Oh ! oh ! foilà pien le tiable, par exemple ;... c'est Jacquot... Et la diligence te Straspourg ?

JACQUOT.

L'Amour n'a pas voulu me mener là ;... mais je partirai demain pour instruire ma tante de vos fredaines si vous ne consentez pas à mon hymen.

KIMBOURG.

Ma vemme,... qui fiendrait me faire enracher ; che consens à tout.

MALVINA.

A la bonne heure ; mais que l'on ne me parle plus de singes...

**NARCISSE.**

Impossible, madame, vous en retrouverez partout ; et moi, qui vous parle, j'ai dans l'idée que nous n'avons été que des singes toute la journée.

## *VAUDEVILLE.*

Des singes partout,
Des singes de tout,
Des singes surtout
 Dans tout ;
Aussi que d'échos,
Que de quiproquos
 Parmi tous nos
  Jockos !

**MAD. DESJARDINS.**

Maint débutant, triste copie
D'Oreste, Néron et Cinna,
Croit relever la tragédie
Et tombe en imitant Talma.     (*bis*)

 Des singes, etc.

**M. DESJARDINS.**

A l'Athénée où l'auditoire
En s'ennuyant atteint son but,
On dort et l'on rêve la gloire....
Afin d'imiter l'Institut.

 Des singes, etc.

**NARCISSE.**

Nous autr's dans la diplomatie
Nous devons imiter dans l'grand,
Et comm' les femm's sont ma folie,
Moi j'imite le grand sultan.

 Des singes, etc.

**KIMBOURG.**

L's Anglais se donn't des priviléges
Et j'ris quand je vois sur tous les ch'mins
Des milords plantés sur leurs siéges
Afin d'imiter nos lapins.

 Des singes, etc.

CÉCILE, *au public.*

D l'auteur admirez les finesses,
Il a pris le plus court chemin,
C'est d'imiter plus de vingt pièces
Afin d'justifier son refrain.

Des singes partout,
Des singes de tout,
Des singes surtout
Dans tout ;
Aussi que d'échos,
Que de quiproquos
Parmi tous nos
Jockos !

**FIN.**